AF348268

PAROLES

PRONONCÉES

PAR SA GRANDEUR MONSEIGNEUR SOURRIEU

ÉVÊQUE DE CHALONS

AU MARIAGE

DE Mlle MARGUERITE DAUVÉ

AVEC M. LUCIEN GUY

LIEUTENANT AU 1er BATAILLON DE CHASSEURS

---

18 NOVEMBRE 1890

CHALONS-SUR-MARNE

IMPRIMERIE MARTIN FRÈRES, PLACE DU MARCHÉ-AU-BLÉ, 50.

1890

PAROLES

PRONONCÉES

PAR SA GRANDEUR MONSEIGNEUR SOURRIEU

ÉVÊQUE DE CHALONS

AU MARIAGE

DE MLLE Marguerite DAUVÉ

AVEC M. Lucien GUY

LIEUTENANT AU 1er BATAILLON DE CHASSEURS

---

18 NOVEMBRE 1890

CHALONS-SUR-MARNE

IMPRIMERIE MARTIN FRÈRES, PLACE DU MARCHÉ-AU-BLE, 50.

—

1890

PAROLES

PRONONCÉES

PAR SA GRANDEUR MONSEIGNEUR SOURRIEU

ÉVÊQUE DE CHALONS

AU MARIAGE

DE Mlle MARGUERITE DAUVÉ

AVEC M. LUCIEN GUY,

LIEUTENANT AU 1er BATAILLON DE CHASSEURS.

Monsieur, Mademoiselle,

Vous demandez à l'Eglise, votre mère, le Sacrement qui, d'après l'institution de Jésus-Christ et la foi des siècles, « donne la grâce de vivre chrétiennement dans l'état conjugal, et d'y élever les enfants selon l'esprit de Dieu » ; ce sont les termes de Bossuet. Avant de vous le conférer, je remercie la Provi-

dence qui a inspiré votre choix réciproque,
si propice à ces nobles fins.

Par votre naissance, Monsieur, vous êtes
de la vaillante et fidèle Lorraine. Père, mère,
enfants, vous en tenez tous par votre sens
droit et par votre cœur vigoureux. Vous
méritiez de vous allier à la famille qui vous
adopte. Vous savez de quel respect elle jouit.
Les murs qui l'abritent ont vu passer dans
leur sein, par le mouvement des relations
sociales ou des affaires, tantôt les grands,
tantôt les petits : on n'en est jamais sorti
sans se redire qu'elle était au niveau des
plus grands par le mérite, au niveau des
plus petits par la bonté. Vous-même, en y
entrant pour la première fois, vous avez été
frappé de son élévation intellectuelle, non
moins que de la simplicité cordiale qui en
fait le charme.

Celui qui préside la demeure a un nom
que personne ne prononce sans un accent de
respect. Il est, dans l'armée, une des per-

sonnifications du progrès ; non du progrès
qui perfectionne les moyens de tuer et de
détruire, mais de celui qui perfectionne les
moyens de préserver et de guérir. Je ne le
vois jamais sans penser au médecin mili-
taire que les troupiers du premier empire
appelaient « la providence du soldat », que
ses collègues surnommaient « l'Ambroise
Paré des camps », et que Napoléon Ier appe-
lait « le vertueux Larrey. »

C'est à son ombre et aussi à l'ombre d'une
mère classée parmi les remarquables modèles
de gouvernement domestique, à l'ombre de
ses frères, types brillants de vocation mili-
taire ; c'est là, dis-je, que vous est apparue
celle qui est ici à vos côtés. Doux orgueil de
son père, copie suave de sa mère, idéal
offert aux rêves de ses frères, elle unissait, à
ce moment là, dans une agréable harmonie,
aux trésors de sagesse puisés dans sa famille,
les pures et divines habitudes contractées
dans les cloîtres religieux de son éducation

et les premières expériences tirées de la société qu'elle embaumait de sa vertu.

La vérité chrétienne est loin de vous être indifférente, Monsieur, mais vous avez compris que devant le spectacle des obscurcissements et des défaillances de la foi, l'homme du monde a besoin de retremper la sienne dans le cœur d'une compagne éclairée et fidèle.

Mademoiselle, cette fonction sera facile, grâce à votre nature lumineuse et au sens droit de votre Fiancé. Pendant que l'on agitait le problème de votre union, votre cœur s'est orienté de préférence du côté de l'armée. Cela devait être, soit parce que votre berceau, contemporain de nos désastres et déposé parmi les ruines de la patrie, a été balancé au bruit des soupirs virilement contenus par les préparations magnanimes ; soit parce que, grandissant au sein de notre jeune armée, vous l'avez vue grandir elle-même par le travail et par le sacrifice ; soit enfin parce que, en la considérant à travers les conversations paternelles et les récits du foyer, vous y avez vu l'officier français résumer ensemble dans sa personne, et l'activité puissante de l'ouvrier, et l'étude approfondie du savant, et l'honneur du gentilhomme avec sa courtoisie.

Il est très vrai, en particulier, que l'esprit chevaleresque, après avoir rempli notre histoire, continue son règne dans l'armée où il maintient le ressort des caractères. Et d'autre part, il n'est pas moins vrai qu'en face de la plume et de la parole qui discutent tout et dissolvent tout, l'épée porte avec elle l'élan, l'affirmation, surtout en matière d'honneur et de croyances.

Pour tous ces motifs, quand l'heure de réaliser votre vocation a sonné, il vous a semblé que vous ne deviez pas sortir de cette sphère. Vous y étiez attirée par vos goûts et par vos pressentiments, lorsque s'offrit à vos yeux le jeune officier auquel vous donnez aujourd'hui votre main.

Vous n'imitez pas ces jeunes filles timides et cauteleuses qui subordonnent leur choix aux calculs de sécurité tranquille, qui veulent, avant tout, s'assurer toutes les chances de longue vie Vous, plus hardie parce que vous êtes plus simple et plus noble, vous avez tourné les yeux vers les hauteurs où réside la gloire, sans vous demander si le danger y réside aussi.

L'épée a des éclairs qui signifient guerre... séparation... mais un grand cœur de femme trouve encore là un attrait, car le bonheur vaut par sa qualité plus que par sa durée. D'accord avec les âmes d'élite, vous avez jugé que l'honneur est le condiment le plus savoureux des jouissances.

De son côté, quand l'officier, brusquement arraché à sa compagne par les obligations de la guerre, considère le drapeau qui flotte sur sa tête, sans doute il y trouve écrit en couleur de sang le devoir de sacrifier sa vie ; mais quand il entend le frémissement de ce

même drapeau, secoué par le vent des ba-
tailles, il croit entendre le battement d'ailes
d'un oiseau messager; il songe à son épouse
dont le cœur le suit en tous lieux, porté sur
deux ailes, celle de la fidélité et celle de la
prière chrétienne.

Ai-je tort de soulever ainsi le voile qui
couvre l'avenir ? Je ne sais : mais rien ne
peut retenir sur mes lèvres le vœu qui part
de mon âme. Je vous souhaite deux grâces :
la première est celle de travailler au relèvement du pays, la seconde est celle d'en être
les heureux témoins. *Benedicat vobis Dominus
ex Sion et videatis bona Jerusalem... diebus
vitæ vestræ.*

Vous pouvez en être les préparateurs par
un moyen plus pacifique que les coups d'épée.
Vous y aurez contribué l'un et l'autre si
vous offrez aux regards de la société fran-
çaise le même exemple que vos familles ont
présenté avant vous, celui d'une belle et
grande vie domestique. Ecoutez la doctrine

du célèbre évêque de Meaux dans son livre sur *la Politique tirée de l'Ecriture Sainte* : « La fidélité, le bonheur et la religion des mariages, dit-il, font partie de l'intérêt public : ils sont un principe de prospérité pour les Etats. »

Vous auriez le droit de vous étonner si je n'exprimais pas un autre souhait : que Dieu vous accorde aussi la grâce d'assister au relèvement des libertés chrétiennes.

Ainsi qu'il l'a déclaré dans les Saints-Livres, le règne de Jésus-Christ sur les hommes doit exister à deux degrés : règne individuel dans la personne de chaque homme ; règne social dans les lois, les institutions et les mœurs publiques de chaque nation.

Je ne dirai pas à quel point le règne social de Jésus-Christ est amoindri parmi nous : j'aime mieux signaler le magnifique vestige que les foyers domestiques de France en conservent dans leur sein.

Toute famille est un petit Etat, où le règne social de Jésus-Christ fleurit à des degrés divers, avec l'Evangile pour code unique et pour unique constitution la théocratie esquissée par saint Paul, où le pouvoir appartient à Jésus-Christ, qui a pour lieutenant l'Epoux, et à l'Eglise représentée par l'Epouse (1).

De l'ensemble de ces familles résulte une confédération de petits Etats religieux. Et vue par ce côté, la France est et demeure, autant que jamais, *la nation très chrétienne.*

On vante la pureté et la foi ardente des premiers siècles de l'Eglise. Il ne faut pas remonter si haut pour découvrir des mœurs aussi belles. En plein 19e siècle et dans chacune de nos villes, il y a de nombreux foyers où Jésus-Christ est adoré, où l'Eglise est chérie, où la loi chrétienne est respectée,

(1) *Sacramentum in Christo et in Ecclesia.* Saint Paul aux Ephésiens, V, 32.

où la foi est maîtresse des âmes, où la liberté
humaine s'honore d'être la servante de Dieu,
où la prière est une coutume sacrée, où les
traditions religieuses des aïeux sont recueillies
comme la partie la plus riche de leur
héritage, où tous les bons exemples descen-
dent de haut. Par là, dit saint Ambroise,
la vie chrétienne passe des générations
anciennes aux nouvelles ; elle pénètre dans
la moëlle des os ; du haut en bas de la société,
chacun peut revendiquer la devise des
Montmorency et dire avec eux : « Nous avons
nos devoirs dans le sang. » Qu'il en soit ainsi
de vous !

Je prie le Sauveur du monde de vous
aimer comme il aima l'officier compatissant
dont il admirait la foi simple, le caractère
modeste et franc, qu'il récompensa par un
miracle célébré dans l'Evangile.

Qu'il vous aime comme il aima l'officier
loyal, témoin de sa mort au Calvaire où il
était de service. Ce noble cœur reçut la grâce

de reconnaître la divinité du Rédempteur dans la grandeur sublime de sa fin.

Qu'il vous aime comme il aima l'officier Cornelius, immortalisé par le livre des Actes des Apôtres. Cet homme si droit, si religieux, si charitable pour les pauvres, appartenait à la *Gens Cornelia*, la fameuse lignée patricienne des Gracques et de leur héroïque mère Cornélie, et Dieu le choisit dans la vision célèbre de saint Pierre pour annoncer au monde la transformation de Rome en métropole de l'univers chrétien (1).

Chers Epoux, soyez aimés du Sauveur au même titre que ces familles ; soyez heureux par Lui, et que l'histoire de votre vie conjugale mérite d'être écrite en caractères d'or dans son Livre de vie !

(1) *Actes des Apôtres*, chapitre 19.

Châlons, imp. Martin frères.